LES NINJAS DE SUNA NO KUN...

LES NINJAS D'OTO NO KUNI

HAYATE

KANKURÔ

GAARA

ZAKU

TEMARI

KAKASHI

DOSU

KIN

EN COMPAGNIE DE SASUKE ET DE SAKURA, NARUTO, LE PIRE
GARNEMENT DE L'ÉCOLE DE NINJAS DU VILLAGE CACHÉ DE
KONOHA, POURSUIT SON APPRENTISSAGE.

SUR L'INVITATION DE MAÎTRE KAKASHI, NARUTO ET SES
COÉQUIPIERS SE SONT INSCRITS À L'EXAMEN DE SÉLECTION
DES NINJAS DE "MOYENNE CLASSE". APRÈS AVOIR RÉUSSI
L'ÉPREUVE ÉCRITE, LES CANDIDATS SE RENDENT SUR LES
LIEUX DE LA SECONDE ÉPREUVE : "LA FORÊT DE LA MORT". LES
DIFFÉRENTES ÉQUIPES SE LIVRENT UNE LUTTE SANS MERCI
POUR S'EMPARER DES ROULEAUX.
C'EST ALORS QU'UN MYSTÉRIEUX NINJA, OROCHIMARU,
ATTAQUE NARUTO ET SES COMPAGNONS ! IL LAISSE UNE
MARQUE MALÉFIQUE SUR LE CORPS DE SASUKE ET DISPARAÎT.

NOS AMIS PARVIENNENT FINALEMENT À SORTIR DE LA FORÊT
ET SE QUALIFIENT AVEC SEPT AUTRES ÉQUIPES POUR LA
TROISIÈME ÉPREUVE. UN TOUR PRÉLIMINAIRE EST ALORS
ORGANISÉ : IL S'AGIT D'UNE SÉRIE DE COMBATS INDIVIDUELS
VISANT À RÉDUIRE LE NOMBRE DE CANDIDATS. C'EST LE
MOMENT QUE KABUTO CHOISIT POUR ABANDONNER L'EXAMEN
DE SÉLECTION...

QUI DES VINGT DERNIERS COMBATTANTS SORTIRA
VAINQUEUR ?

SOMMAIRE

COGNE, SAKURA !

PROFITES-EN !!

C'EST PAS TOUT... SAKURA AUSSI A L'AIR BIZARRE !!!

QU'EST-CE QU'ELLE A, INO ?

SI JE COMPRENDS BIEN, INO...

LA TECHNIQUE DE POSSESSION ?

JE CROIS BIEN QU'ELLE S'EST FAIT AVOIR PAR LA TECHNIQUE DE POSSESSION !

C'EST FOUTU !

...!!
...!!!

INO... DANS LE CORPS DE SAKURA?

C'EST ÇA...

L'ESPRIT D'INO S'EST EMPARÉ DU CORPS DE SAKURA...

VOUS POUVEZ IMAGINER LA SUITE, MAINTE-NANT...

EXAC-TEMENT !!!

ET VOILÀ, C'EST FINI.

MA CHÈRE SAKURA...

GLOUPS...

...

!

ZUP

J'ABAND...

MOI, SAKURA HARUNO...

TSSS...

QUEL CASSE-PIEDS!

SAKURA!!!

REPRENDS-TOI !

C'EST TROP TARD, MAINTENANT...

SI TU PERDS FACE À CETTE DÉBILE... SASUKE NE VOUDRA JAMAIS DE TOI !

TU AS TENU BON JUSQU'ICI !!!

JE FRISSONNE, TOUT À COUP !

BRRR...

VRRR...

KZOM!

ZIP

QU'EST-CE QUE...

BRRR...

K-ZIM

!!

NARUTO EST LOURD, MAIS IL A RAISON !

TU ABANDONNES ?

ALORS, QUE DÉCIDES-TU ?

BRRr

BRRr

C'EST IMPOSSIBLE...

CETTE VOIX... C'EST TOI, SAKURA ?!!

JE NE PEUX VRAIMENT PAS PERDRE FACE À INO !

BR...

BRRR...

RAAGH!!

MAIS QUI EST QUI, LÀ-DEDANS ?

JHAL-LUCI-NE...

HNG!

SAKURA...?!

!!!

GRMBL PLUTÔT MOURIR !!!

C'ÉTAIT POURTANT IMPARABLE...

ESPÈCE DE...

MOI, ABANDON-NER ?

... QUE FAIT INO ?

MAIS ENFIN...

BRRR

GH ...!!

BRRR

SI TU NE SORS PAS VITE DE MA TÊTE, ÇA VA MAL SE PASSER POUR TOI !

...INO...

GNNN...

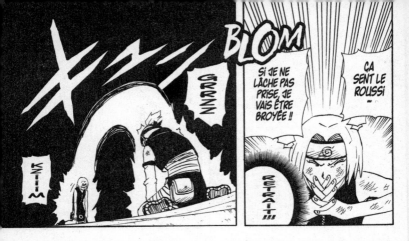

SI JE NE LÂCHE PAS PRISE, JE VAIS ÊTRE BROYÉE !!

ÇA SENT LE ROUSSI ...

... MAIS EST-CE LA SEULE EXPLICATION ?

SON NIVEAU DE CHAKRA ÉTAIT PROBABLEMENT TROP BAS POUR TENTER CETTE TECHNIQUE...

ELLE A RÉUSSI À CONTRE-CARRER L'ATTAQUE D'INO !!

JE RÊVE ...

HAA HAA HAA HAA

HAA HAA HAA

LES FEMMES DOIVENT ÊTRE FORTES POUR S'EN TIRER DANS CE MONDE !!

HAA HAA

L'IGNO-RAIS-TU ?

HAA

HAA

HAA

TRÈS IMPRESSION-NANT !

JE N'AI PAS RÉUSSI À FAIRE PLIER TON ESPRIT !

HAA

LES ENCOURA-GEMENTS DE NARUTO ONT SERVI DE DÉCLIC ET ELLE A PU BRISER SON EMPRISE.

JE CROIS PLUTÔT QUE LES VIOLENTS SENTIMENTS DE RIVALITÉ QUE SAKURA ÉPROUVE ENVERS INO ONT RÉVEILLÉ SON ESPRIT COMBATIF.

IL EST VRAI QU'INO DEVAIT ÊTRE À COURT DE CHAKRA, MAIS TOUT DE MÊME...

LORSQU'ON EST VICTIME DE CETTE ATTAQUE, ON NE PEUT PAS SE DÉFAIRE AISÉMENT DE SON ASSAILLANT...

HAA HAA HAA HAA HAA

MAIS MAINTENANT, INO ET SAKURA N'ONT PLUS QUE QUELQUES GOUTTES DE CHAKRA !

ELLE EST SURPRENANTE... TOUT COMME NARUTO, ELLE FAIT PREUVE D'UNE TÉNACITÉ HORS DU COMMUN.

HAA HAA HAA HAA HAA HAA HAA HAA

MAIN-TENANT, ELLES VONT LANCER

DASH DASH

...LE DERNIER ASSAUT !!!

KLONG

GWOOSH
GWOOSH

BAH
VOILÀ.

BON...

SAKURA,
TOUT VA
BIEN ?!

HÉ, INO...
RÉPONDS
!!!

SHUUT!

ELLES REPRENDRONT LEURS ESPRITS DANS 30 MINUTES ENVIRON.

PAS BESOIN D'APPELER L'ÉQUIPE MÉDICALE...

IL S'EST PASSÉ BIEN DES CHOSES DEPUIS LEUR ENTRÉE À L'ÉCOLE ...

J'ATTENDAIS BEAUCOUP DE NARUTO ET SASUKE ET ILS ONT ÉTÉ À LA HAUTEUR...

MAIS QUI AURAIT CRU SAKURA CAPABLE DE TELS PROGRÈS ?

HM...

ÇA A ÉTÉ UNE SACRÉE SURPRISE, JE DOIS AVOUER...

?

JE LE PENSE SINCÈREMENT.

PARTICIPER À CET EXAMEN LEUR A FAIT LE PLUS GRAND BIEN.

TENTEN
CONTRE
TEMARI.

CINQUIÈME
RENCONTRE.

•••

ALLEZ
TENTEN
!!!

TIENS... LE
DEUXIÈME
REPRÉSENTANT
DU PAYS DU
DÉSERT... BEL
AFFRONTEMENT
EN
PERSPECTIVE.

COMMENCEZ !

!

TU TE RÉVEILLES ENFIN, SAKURA. C'EST PAS TROP TÔT...

...

HGNN...

NOTRE MATCH EST FINI...

ALLEZ ! ON EST DERRIÈRE TOI !!

TENTEN, LA FOUGUE DE LA JEUNESSE EST EN TOI !

GLOUPS!!!

C'EST PLUTÔT MOI QUI DEVRAIS PLEURER...

HUM...

AINSI...

... J'AI PERDU...?

HEIN ?

FAIRE MATCH NUL, ÇA ME DÉSOLE.

FACE À UN ADVERSAIRE COMME TOI...

!

ET OUI !

....!

TU ES DEVENUE UNE FLEUR MAGNIFIQUE...

TU T'ES ENFIN ÉPANOUIE, SAKURA...

... INO ...

...

MAIS JE TE PRÉVIENS : LA PROCHAINE FOIS, TU NE T'EN TIRERAS PAS EN T'ÉVANOUISSANT !!!

!!

グイ
GOUIP

WHAM!
カチン

ET PUIS, IL EST HORS DE QUESTION QUE JE TE LAISSE SASUKE !!

HM !

FWP
パイ

FWP
パイ

TU TE FOURRES LE DOIGT DANS L'OEIL, SASUKE EST À MOI !

UN VÉRITABLE DÉSASTRE !!!

... AUCUNE DE SES ATTAQUES N'EST PASSÉE...

ZOM
ヅ
ワ

VRAIMENT DÉCEVANT... AUCUN INTÉRÊT...

EFFRAYANTS, CES NINJAS DE SUNA NO KUNI...

... HM.

ON AVAIT GAGNÉ D'AVANCE.

... QUELLE ARROGANCE !!!

•••

LE PETIT MONDE DE MASASHI KISHIMOTO
Enfance 8

À L'ÉCOLE PRIMAIRE, JE JOUAIS AU SOFT-BALL. ENSUITE, AU COLLÈGE, J'AI INTÉGRÉ LA SECTION DE BASE-BALL, OÙ MON FRÈRE JUMEAU M'A REJOINT PAR LA SUITE.

À LA MÊME ÉPOQUE, UN DESSIN ANIMÉ SUR LE BASE-BALL CONNAISSAIT UN ÉNORME SUCCÈS. JE PARLE BIEN SÛR DU FORMIDABLE "TOUCH", QUI VOYAIT DEUX JUMEAUX JOUER DANS L'ÉQUIPE DE BASE-BALL DE LEUR ÉCOLE. À UN MOMENT, UN DES JUMEAUX DÉCÈDE, ET L'AUTRE CONNAÎT UNE CARRIÈRE FULGURANTE.

VOUS VOUS EN DOUTEZ, EN PLEINE ADOLESCENCE, AVEC UN TEL SCÉNARIO, JE M'ÉTAIS COMPLÈTEMENT PROJETÉ DANS "TOUCH" ET M'ÉTAIS ENFLAMMÉ POUR LA SÉRIE. J'AVAIS ENTREPRIS D'EN COLLECTIONNER TOUS LES MANGAS. JE SUIS REDESCENDU SUR TERRE QUAND MON FRÈRE M'A FAIT REMARQUER QUE, CONTRAIREMENT AU DESSIN ANIMÉ, TOUT LE MONDE AVAIT LA BOULE À ZÉRO DANS NOTRE ÉQUIPE (DE VRAIS PETITS BONZES), ET SURTOUT QUE LUI ET MOI ÉTIONS VRAIMENT NULS DANS CE SPORT. "TU ES COMPLÈTEMENT RIDICULE AVEC TON TOUCH", AVAIT-IL CONCLU FROIDEMENT.

JE ME SUIS ALORS REPORTÉ SUR LA LECTURE DU MANGA "MEIMON ! THE THIRD BASEBALL CLUB". J'AI PENSÉ QUE LE RÔLE D'ASUNARO ME CONVENAIT MIEUX.

LA BOULE
À ZÉRO

NDT * UN DES DEUX IDÉOGRAMMES DU MOT IDIOT !

... DE LA CINQUIÈME RENCONTRE !!!

JE DÉCLARE TEMARI VAINQUEUR ...

ZUP

...

DASH

GLUP

DASH

J'AI UN MAUVAIS PRESSENTIMENT !!!

NIARK

!

CHOP?!

FWOOM

FWSHHHH

DÉBARRASSE-NOUS DE CETTE LARVE, ET VITE !

LA FERME.

TU ES FOLLE OU QUOI ? ELLE EST À BOUT DE FORCES, TU AURAIS PU LA TUER...

...

TOMP

JOLI RÉFLEXE !!!

KZUM

ピキ

KZIM

!!

!!

LA TORNADE DE KONOHA !!!

!!

ARRÊTE !

COMME TU ES PRÉVISIBLE...

SMILE

RÉPÈTE ÇA !

C'EN EST NAVRANT.

STOK

FWOP

LEE, ARRÊTE !

MAÎTRE GAÏ...!

TSSS...

!

QUOI?!

!

TU AS ÉTÉ DÉCLARÉE VAINQUEUR, N'EST-CE PAS ?

ALORS NE PERDS PAS TON TEMPS AVEC CE JUSTICIER DU DIMANCHE.

!

TEMARI, REGAGNE VITE TA PLACE.

QUOI?

JE VOUDRAIS ADRESSER QUELQUES MOTS À NOS AMIS DU DÉSERT...

TAP

...

PFFUUU'

BON. ÇA SUFFIT, LEE !

BRRr...

7IV

7IV

BRRr...

!

!

!

!

CE GARÇON EST TRÈS FORT...

NE COMMETTEZ PAS L'ERREUR DE LE SOUS-ESTIMER.

MOI, JE NE TIENS ABSOLUMENT PAS À ME MESURER À EUX...

LES ÉLÈVES DE SUNA NO KUNI CHERCHENT DES ENNUIS À TOUT LE MONDE !

CE SONT DES ADVERSAIRES REDOUTABLES...

!

SAKURA... COMME C'EST GENTIL !!!

!

ZOOM

NARUTO NE FERAIT QU'UNE BOUCHÉE DE VOUS.

!!

SI TU NE PASSES PAS LE TOUR TOI AUSSI, C'EST LA HONTE...

TU FERAIS MIEUX DE T'INQUIÉTER POUR TOI !

AU FAIT, TU VAS MIEUX ?

SURTOUT APRÈS LA PERFORMANCE DE SASUKE.

!

NARUTO... JE TIENS À TE REMERCIER POUR TOUT À L'HEURE...

Smile

TU ME CHERCHES ?

IL M'ÉNER-VE...

OUAIP ! ÇA TU PEUX LE DIRE.

... J'AURAIS ÉTÉ RIDICULISÉE PAR INO.

SI JE NE T'AVAIS PAS ENTENDU CRIER COMME UN FOU POUR ME SOUTENIR...

T'ZAF ! H'! !

PAS DE DOUTES... JE SENS QUE C'EST À MOI...

BON, ÇA VIENT, MON TOUR ?!

BLOM
ガッ

T-SSS!

GHEU!

SHIKAMARU NARA
VS
TSUCHI KIN

ZUIP
スッ

JE NE RISQUE RIEN FACE À UNE TECHNIQUE AUSSI MINABLE.

ATTENTION, CE TYPE MANIPULE LES OMBRES. PRENDS GARDE AUX ZONES SOMBRES.

C'EST À MOI...

ÇA VA PAS TRAÎNER !!!

C'EST PAS FACILE DE SE BATTRE AVEC UNE FILLE...

QUELLE PLAIE !

TU VAS GAGNER, SHIKAMARU ! ÇA FAIT PAS UN PLI !

EH BEN ! INO S'EST DÉJÀ REMISE !

DES GRELOTS...

CLING

TSING

TU PARLES BEAUCOUP !!!

TU T'IMAGINES QUE JE VAIS ME FOCALISER SUR LE SON DES GRELOTS...

TU JETTES DES AIGUILLES AVEC GRELOTS ET DES AIGUILLES SANS GRELOTS EN MÊME TEMPS.

QUEL VIEUX TRUC RINGARD...

... POUR ME FAIRE TRANSPERCER PAR LES AIGUILLES SILENCIEUSES ?

!!

GLING GLING

.. JE NE RISQUE RIEN, TANT QUE JE RESTE CONCENTRÉ.

MAINTENANT QUE JE SAIS À QUOI M'ATTENDRE ..

ZOOP

ÇA VIENT DE DERRIÈRE ?!

JE SUIS FAIT..!

DES FILS ...?

GLING GLING GLING

TONG !!!

SZWOOSH!!

TU ES LENT, MON PALIVRE !!

!!

C'EST UN PIÈGE !!!

AH... ELLE A FAIT SONNER LES GRELOTS AVEC SES FILS !

FWOP

STONK

SHIKAMARU !!!

STONK

PAS FACILE DE JOUER AUX OMBRES CHINOISES AVEC LES MEMBRES CRIBLÉS D'AIGUILLES...

MAINTENANT, JE VAIS TE FINIR...

D'OÙ PROVIENNENT CES VIBRATIONS...?!

!!

BRRRR

GULP

!

...?!

!!

ÇA Y EST, JE TE TIENS...

HM...

BRR

TU N'AS PAS ENCORE COMPRIS, ALORS ?

IL N'Y A AUCUN RISQUE QUE JE FOULE TON OMBRE...

TU DÉLIRES !!

QUE VEUX-TU DIRE ...?!

!!

REGARDE BIEN L'OMBRE À TES PIEDS.

TU NE REMARQUES RIEN ?

QUELLE IDIOTE !

ZOOOP

CE N'EST PAS CELLE DES FILS !

L'OMBRE S'ÉLARGIT À VUE D'OEIL...

IL Y A QUAND MÊME QUELQUES LIMITES, BIEN SÛR.

JE PEUX JOUER DE BIEN DES MANIÈRES AVEC MON OMBRE.

ZOOOO

ズズッ

ZOOOO

ズズッ

ZOOOO

GRRR...

ZOP スッ

スッ ZOP

EH OUI. J'AI ALLONGÉ MON OMBRE SI FINEMENT QUE TU L'AS CONFONDUE AVEC CELLE DE TES FILS.

TU NE M'APPRENDS RIEN.

MAIS SI TU M'ATTAQUES TU VAS ÉGALEMENT TE BLESSER, IMBÉCILE !

JE SUIS OBLIGÉE DE MIMER TES MOUVEMENTS...

TCHAK

TU N'AS QUAND MÊME PAS L'INTENTION DE...

FWOP

TCHAK

!!

BRRR

40

TU ES MALADE !!!

ALORS, ON SE L'ÉVITE OU PAS, CE SHURIKEN ?

GH

SHHHH

HM... IL BLUFFE, C'EST SÛR...

BONK

!!

STOK

SDOBAM

HÉ HÉ HÉ, ET VOILÀ LE TRAVAIL...

CERTES, NOUS FAISIONS LES MÊMES GESTES...

ZAM

UN BON SHINOBI DOIT SAVOIR ANALYSER LA CONFIGURATION DES LIEUX ET TOURNER LE TERRAIN À SON AVANTAGE !!!

DASH

HOP LÀ !

MAIS MOI, JE N'ÉTAIS PAS COLLÉ AU MUR DE L'ENCEINTE !

SHIKAMARU NARA, QUALIFIÉ !

À CE MOMENT, ELLE NE FAISAIT PLUS DU TOUT ATTENTION AU MUR.

J'AI LANCÉ LE SHURIKEN POUR FAIRE DIVERSION.

HM... JE SUIS LE SEUL DE NOTRE ÉQUIPE ENCORE EN COURSE...

AH LA LA, MÊME UN TYPE AUSSI TERNE QUE LUI ARRIVE À ÉPATER LA GALERIE...!

MYTHIQUE!!!

SUPER, SHIKAMARU !!!

LES ROOKIES S'EN TIRENT PLUTÔT BIEN, CETTE ANNÉE.

POURVU QUE JE NE TOMBE PAS SUR LUI...!

BON, IL NE RESTE DONC PLUS QUE MOI, LE TYPE DOTO NO KUNI, HINATA, NARUTO... CHOJI, NEJI, LEE... ET LE TYPE DU DÉSERT...

ZOM

NARUTO UZUMAKI VS KIBA NUZUKA

SANS PLUS TARDER, PASSONS À LA RENCONTRE SUIVANTE.

LE SPECTACLE VA COMMENCER !!!

ENFIN, C'EST À MOI DE JOUER !!!

BOUHOUUU

HOURRAH !!!

CE N'EST TOUJOURS PAS MON TOUR... QUAND POURRAI-JE ENFIN BRILLER DEVANT SAKURA ?

FACE À CE GUIGNOL, ON EST SÛRS DE PASSER LE TOUR, AKAMARU !!!

WAOURF !!!

WHA HA HA HA ! QUELLE CHANCE !!!

Broof

45

ATTENDEZ UN INSTANT.

NARUTO UZUMAKI CONTRE KIBA INUZUKA !

SEPTIÈME RENCONTRE !!!

IL VA NOUS GÊNER PENDANT LA RENCONTRE !!!

ET PUIS LAISSE CE CABOT EN DEHORS DE L'ARÈNE !

TE MONTE PAS LA TÊTE !

C'EST COMME SI ON AVAIT GAGNÉ ! QUELLE VEINE !

YAAA HOO !!!

WOUARF !!!

AUCUNE OBJEC- TION À CELA !

PAR- FAITEMENT ! LES ANIMAUX SONT CONSIDÉRÉS COMME DES ARMES DE NINJAS.

HEP ! C'EST RÉGLEMENTAIRE, ÇA ?

WOUARF !

WOUARF !

ABRUTI, ON SE BAT ENSEMBLE !!!

!! HM... MOUAIS... DE TOUTE FAÇON, IL VAUT MIEUX QUE JE TE LAISSE UN PETIT AVANTAGE !

...

AKAMARU, TU N'INTERVIENS PAS. RESTE LÀ, BIEN SAGEMENT !

FWP

TRÈS BIEN, ON VA FAIRE COMME ÇA...

TU JOUES LES DURS, HEIN ?...

...MAIS D'UN AUTRE CÔTÉ...

...MAIS JE SUIS QUAND MÊME DANS L'ÉQUIPE DE KIBA... IL RISQUE DE NE PAS APPRÉCIER...

JE VOUDRAIS TELLEMENT SOUTENIR NARUTO...

POUIC POUIC

NARUTO... ? DÉSOLÉE, KAKASHI, TON PROTÉGÉ N'EST PAS DE TAILLE FACE À KIBA...

NARUTO !! ÉCRASE CE PAUVRE TYPE !

J'ATTEN- DAIS CE MOMENT AVEC IMPATIEN- CE !

BAH, MOI AUSSI !!!

AH, OUAIS ?

JE VAIS T'ÉTALER EN UN COUP, VITE FAIT BIEN FAIT !

TU ME FAIS DE LA PEINE, AU FOND.

... TU N'AS AUCUNE CHANCE, MON VIEUX ! LE TEMPS DU BLUFF EST TERMINÉ.

WAF

COMMENCEZ!!!

MESSIEURS!!

KEOF

GÔHO!!

ZOOP

EXAMINATEUR, J'AI TERMINÉ ! IL EST K.O. POUR UN BOUT DE TEMPS !

SDAM!

GWOSH

NARUTO... J'AI UN PEU HONTE...

...

IL ÉTAIT CLAIR QUE NARUTO NE FERAIT PAS LE POIDS...

MINCE !

NA... NARUTO

PFFF... IL ÉTAIT VRAIMENT FAIBLE...

ET VOILÀ LE TRAVAIL !!!

...

SMILE

SMILE

...

ET TOUT LE MONDE CONNAÎTRA MA VALEUR !!!

UN JOUR, JE SURPAS- SERAI LE MAÎTRE HOKAGE !!!

C'EST PAS FINI, LES AMIS.

ZAZAM

!! POUR MOI, C'ÉTAIT JUSTE UN FANFA- RON ...

JE M'ÉTAIS TOUJOURS MOQUÉE DE LUI ...

HISS

!!

...TU N'AS QU'À DEVENIR PLUS FORT QUE MOI...

CE N'EST PAS COM- PLI- QUÉ

TSUILLARD!!!

DANS TES RÊVES !!!

DADADA!!

GNP...

... MAIS

PAS SI VITE...

!!

ALLEZ, NARUTO !!

COMME ÇA !

CA NE FAIT QUE COMMENCER !!!

TU NE TROMPES PERSONNE !!!

MAIS TU T'ES VU ? TU PISSES LE SANG !

WOUAF WOUAF!!!

UN JOUR, IL DÉPASSERA VRAIMENT LE HOKAGE !

WHOUU !

NA... NARUTO ...!!!

EH BIEN, JE TE CONSEILLE D'UTILISER TON CHIEN ET TOUT CE QUE TU POURRAS, CAR TU VAUX PAS UNE CACAHUÈTE !!

!

ピクッ

GULP

JE VOULAIS ÉVALUER TA FORCE !

TU M'AS TOUCHÉ PARCE QUE JE L'AI PERMIS.

TU VAS REGRETTER TES PAROLES !

...

FWISH

UN FUMI-GÈNE !!!

!

WOUF !!!

ZAA H !!

ON Y VA, AKAMARU !!!

FROT FROT

LE PIÈGE SE REFERME !!!

GROOA !!!

!!

!!!

HANGH !

MINCE !!!

FSHHH

STAP !!!

WHARGH !!!

POF
ボフ

...

WOUF !

スゥ...
FUSHH

TU T'ES BIEN DE-BROUILLÉ, AKA...

GÉNIAL !!!

WOUF !!!

YEAAAH ! ON A GAGNÉ !

タッ DASH

!!

カ"

?!

ブリ

GNAP !

UNE MÉTAMOR-PHOSE ?

PLOMB

TU T'ES FAIT AVOIR ! GRRR...

BAAAH !

!

QU'EST-CE QUE TU AS FAIT D'AKA-MARU ?!

MERDE ! J'AI ÉTÉ TROP NÉGLIGENT !!!

AKAMARU !!!

GUI !!!

VRLL

ICI !

BEURK ! TU PUES LE CHIEN MOUILLÉ !!!

IL SE DÉBROUILLE MIEUX QUE JE NE LE PENSAIS !

SON TIMING ÉTAIT PARFAIT !!!

JAMAIS JE NE L'AURAIS CRU CAPABLE DE RÉSISTER À KIBA ! ET J'AI L'IMPRESSION QUE CE N'EST PAS FINI...

JE RÊVE... NARUTO A MAGISTRALEMENT PROFITÉ DE LA COUVERTURE DU NUAGE POUR SE MÉTAMORPHOSER.

AH, ÇA C'EST FORT !

ZOM

IL A ENCORE PROGRESSÉ AU COURS DE CET EXAMEN...

C'EST LUI QUI LE MORD ET IL RÂLE... IL NE MANQUE PAS DE TOUPET...

HAA

BAH, MOI AUSSI !!!

HUM ! AH OUAIS ?

HAA

MAIS C'EST LA FIN POUR TOI ! JE VAIS PASSER AUX CHOSES SÉRIEUSES.

JE L'AD-METS, TU N'ES PLUS CELUI D'AUTRE-FOIS !!!

LE PETIT MONDE DE MASASHI KISHIMOTO
ENFANCE 9

DONC AU COLLÈGE, ON NE FAISAIT PRATIQUEMENT QUE DU BASE-BALL, ET PENDANT LES VACANCES D'ÉTÉ, ON PARTAIT EN STAGE D'ENTRAÎNEMENT INTENSIF ! TRADITIONNELLEMENT, AVEC TOUTE LA SECTION DE BASE-BALL, ON SE RENDAIT SUR L'ÎLE DE SHÔDOSHIMA, CÉLÈBRE POUR SA PRODUCTION D'OLIVES ET POUR SES SINGES. LA TENUE RÉGLEMENTAIRE CONSISTAIT EN UNE CHEMISE BLANCHE ET UN PANTALON NOIR.

IMAGINEZ 45 PETITS SPORTIFS ENFERMÉS DANS UN CAR PENDANT TOUT LE TRAJET : UNE AMBIANCE SURVOLTÉE ! IL Y AVAIT DES MOMENTS JOYEUX, ET D'AUTRES FRANCHEMENT PÉNIBLES. LE SÉJOUR SE TERMINAIT SYSTÉMATIQUEMENT PAR UNE EXCURSION TOURISTIQUE DANS LA MONTAGNE DES SINGES.

EN DEUXIÈME ANNÉE, JE ME SUIS TROUVÉ AU CŒUR D'UN TERRIBLE ÉVÈNEMENT QUI A MARQUÉ L'HISTOIRE DES STAGES D'ÉTÉ. IL EST DIFFICILE POUR MOI D'ÉVOQUER CETTE HISTOIRE QUI A FAILLI SE CONCLURE PAR MORT D'HOMME, MAIS J'AI L'IMPRESSION QUE JE DOIS LE FAIRE QUAND MÊME !

TOUT A COMMENCÉ QUAND... (À SUIVRE)

NARU...
NARUTO...

C'EST
FORMI...

DIRE QUE
C'ÉTAIT
POURTANT
L'ÉTERNEL
CANCRE
DE LA
CLASSE...!

MAIS QUEL
GENRE
D'ENTRAÎ-
NEMENT
KAKASHI
LEUR A-T-
IL FAIT
SUIVRE ?!

FORMIDABLE,
NARUTO !
QUEL
TALENT !

HUM...

QU'ON
M'EXPLIQUE !
CE N'EST PAS
LE NARUTO
QUE JE
CONNAIS...

ZAAF

BWOOF

UNE PILULE DE L'ARMÉE ?!

QU'EST-CE QUE TU LUI AS FAIT AVALER ?

ÇA ALORS ! SON POIL EST DEVENU ROUGE ?!

FWOP

TOMP

PRÊT, AKA-MARU ?!

CE N'EST PAS PAR HASARD S'IL S'APPELLE AKA-MARU.*

*NDT : "AKA" SIGNIFIE "ROUGE" EN JAPONAIS. SON NOM POURRAIT SE TRADUIRE PAR "PETITE BOULE ROUGE."

IL A DONC DÉCIDÉ D'ABRÉGER LE COMBAT

KIBA

MONSIEUR LE JUGE, C'EST PAS DU DOPAGE, ÇA ?!

SES YEUX SONT EXORBITÉS ! IL A DÛ AVALER UNE DRÔLE DE SUBSTANCE !!!

GROOOAR...

COMPOSÉE DE MULTIPLES PROTÉINES, ELLE CONTIENT UN ANTIDOULEUR ET UN STIMULANT TRÈS PUISSANTS.

UNE SEULE DOSE DE CETTE SUBSTANCE EXPÉRIMENTALE PERMET AUX SOLDATS DE COMBATTRE DURANT TROIS JOURS ET TROIS NUITS, SANS LA MOINDRE PAUSE.

AUTORISÉ ! VOUS N'AVEZ QUE CE MOT À LA BOUCHE !

NÉGATIF. LES AIDES CHIMIQUES SONT AUTORISÉES PAR LE RÈGLEMENT. KOF !

LE CHAKRA DE KIBA ET DE SON CHIEN S'EN TROUVENT DÉCUPLÉS.

QU'EST-CE QU'IL A INGURGITÉ ?

UNE DROGUE DE COMBAT ?

UNE DROGUE DE COMBAT DÉVELOPPÉE PAR L'ARMÉE !!!

KIBA VA DEVENIR UN VÉRITABLE FAUVE...

AVEC CETTE DÉFERLANTE DE CHAKRA DANS LE CORPS...

ÇA SE COMPLI-QUE POUR NARUTO...

FLAP

WHOOO

MINCE...

FWOOOSH!

FSHHH

URGH!!

IL N'Y A QU'UNE SOLUTION : CONCENTRER MON CHAKRA ET COURIR EN ATTENDANT QUE L'ORAGE PASSE...

!!

MAINTENANT!!!

!

APPRÊTE-TOI À SUBIR LA PLUS PUISSANTE ATTAQUE TAIJUTSU DE L'HOMME-BÊTE !

GROAR !

URGH
ビクビク
BWEURGH

HI! ZAP
ドゴ
SBAM

À CE STADE DE LA COMPÉTITION, CE SONT LES CAPACITÉS RÉELLES QUI FONT LA DIFFÉRENCE !!!

...

CESSE DE TE MENTIR ! TU SAIS TRÈS BIEN QUE TU EN ES INCAPABLE.

LAISSE-MOI RIRE !!!

TOI, HOKAGE ?

MÊME POUR MOI, C'EST UN OBJECTIF IMPOSSIBLE !!

..JE NE PEUX PAS PERDRE ..ICI

LE PROCHAIN HOKAGE...

..JE SERAI

BRRR...

TU TE TROMPES LOURDEMENT !

NARUTO EST PLEIN DE RESSOURCES ...

VOUS VERREZ !!!

UN JOUR, JE SERAI HOKAGE !!!

JE L'ADMIRE TANT POUR ÇA, CAR JE SAIS QUE CE N'EST PAS UNE CHOSE ÉVIDENTE !

CONTRAIREMENT À MOI, IL A TOUJOURS CRU EN LUI...

...TOUT LE MONDE L'IGNORAIT...

AUTREFOIS, PERSONNE NE VOULAIT RECONNAÎTRE SON POTENTIEL !

GNNN...
47...

RELÈVE-TOI, NARUTO !!!

TOUT LE MONDE RECONNAÎT SES QUALITÉS.

MAIS MAINTENANT, IL EST AU CENTRE DE TOUTES LES ATTENTIONS !!!

... TU MÈNERAS UNE VIE DE CLÉBARD !

!!!

UN JOUR, JE ME HISSERAI AU RANG DE HOKAGE, MAIS TOI...

CETTE FOIS, ON LE FINIT, AKAMARU !!!

HEP, TU SAIS QUE T'ES LOURD ?!

HE !

ZUP

DASH DASH

ET VOILÀ !!!

MÉTAMORPHOSE !!!

POOF!

!!

FWASH !!!

!!

!

...

JE VOIS...

RE-GARDEZ BIEN !

QUOI ?

NARUTO MÉTAMOR-PHOSE EN KIBA

AKA-MARU MÉTAMOR-PHOSE EN KIBA

LE VRAI KIBA

J'AI COMPRIS ! C'EST UNE IDÉE BRILLANTE !

LE VRAI KIBA

AKA-MARU MÉTAMOR-PHOSE EN KIBA

LE VRAI KIBA

NARUTO MÉTAMOR-PHOSE EN KIBA

AKA-MARU MÉTAMOR-PHOSE EN KIBA

NARUTO MÉTAMOR-PHOSE EN KIBA

TAPER

TAPER

NE PAS TAPER

TAPER

NE PAS TAPER

TAPER

NARUTO, PAR CONTRE, N'A QUE DES ENNEMIS ! IL PEUT DONC ATTAQUER SANS SE POSER DE QUESTIONS.

DE MÊME, AKAMARU EST NEUTRALISÉ CAR IL NE SAIT PLUS QUI EST SON MAÎTRE...

EN SE MÉTAMORPHOSANT EN KIBA, NARUTO SÈME LA CONFUSION CHEZ SON ADVERSAIRE, QUI NE SAIT PLUS S'IL A AFFAIRE À NARUTO OU À AKAMARU... KIBA NE PEUT DONC PLUS ATTAQUER COMME IL VOUDRAIT.

OUVRE BIEN TES OREILLES !!!

EFFECTIVEMENT, JE VOIS CE QU'IL MANIGANCE... MAIS IL A OUBLIÉ UN DÉTAIL...

QUEL TALENT !!!

IL A TROUVÉ LA FAILLE...

ET POURQUOI ÇA ?

... MAIS CHANGER D'APPARENCE NE TE SERVIRA À RIEN !

TU M'AS SURPRIS UN INSTANT CAR J'AI FAIT PREUVE DE LÉGÈRETÉ...

GWAAARGH!

SBRAAM

YAAAAHH!!!

L'ODEUR, PETITE TÊTE ! L'ODEUR...

HUMPF !

TU SOUS-ESTIMES NOTRE ODORAT !!!

84

J'AI
GAGNÉ...

URGH...

DISTINGUER
UNE
PERSONNE
À SON
ODEUR
DEVIENT
ALORS
POUR LUI
UN JEU
D'ENFANT...

S'IL
CONCENTRE
SON CHAKRA
DANS SON NEZ,
IL RENFORCERA
SON SENS
OLFACTIF DÉJÀ
PHÉNOMÉNAL

!! !

...QUOI?!

POOOF

AKAMARU!!!

BROM BROLOM BROM

ポッ POP ン

カッカッカッド

ズッ

SKRRRRSHHH

77e EPISODE:

NARUTO, FIN TACTICIEN !!

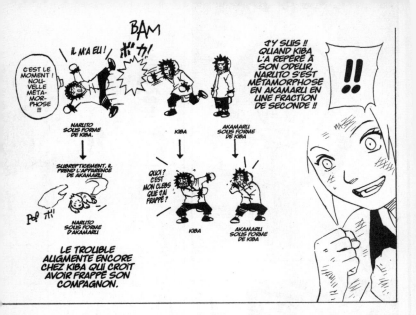

BAM

IL M'A EU !

ボカッ!

C'EST LE MOMENT ! NOUVELLE MÉTAMORPHOSE !!!

NARUTO SOUS FORME DE KIBA.

SUBREPTICEMENT, IL PREND L'APPARENCE DE AKAMARU.

Pof 九!

NARUTO SOUS FORME D'AKAMARU

LE TROUBLE AUGMENTE ENCORE CHEZ KIBA QUI CROIT AVOIR FRAPPÉ SON COMPAGNON.

QUOI ? C'EST MON CLEBS QUE J'AI FRAPPÉ ?

KIBA

AKAMARU SOUS FORME DE KIBA

J'Y SUIS !! QUAND KIBA L'A REPÉRÉ À SON ODEUR, NARUTO S'EST MÉTAMORPHOSÉ EN AKAMARU EN UNE FRACTION DE SECONDE !!

!!

MERD... HGNN...

...

JE NE L'IMAGINAIS PAS SI INTELLIGENT !!!

Miiii ワ゛デ゛～ン

!

JE L'AI RETOURNÉE CONTRE TOI, GROS NAZE !

RÉFLÉCHIS BIEN AVANT D'UTILISER UNE TECHNIQUE...

KZOM

....!

HO HO !

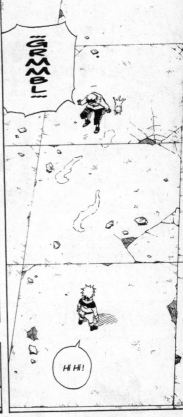

=GRMMBL=

Hi Hi !

PFFFU...

JE NE DOIS PAS LE LAISSER IMPOSER SON RYTHME ! ME CALMER... JE DOIS ME CALMER.

GNAP

JE PERDS MON TEMPS À PARLER AVEC LUI !!!

H!!" STiNG

JE DOIS L'OBSERVER ATTENTIVEMENT ET DÈS QUE J'AURAI TROUVÉ L'OUVERTURE...

JE L'ATTAQUE DANS LE DOS AVEC "LA DANSE DU CHIEN".

H!!" STiNG

IL NE PEUT PAS SUIVRE LA VITESSE DE MES MOUVE- MENTS.

J'AI SUR LUI UN AVANTAGE INCONTES- TABLE !!!

STAP

KOON!!

tchak H!!"

TU NE PLAISANTES PLUS KIBA, ON DIRAIT...

ON DIRAIT QU'IL SE CONCENTRE.

MAINTENANT... QUE VA FAIRE NARUTO ?

SI JE GARDE LA TÊTE FROIDE, JE SORS VAINQUEUR DE CETTE RENCONTRE À COUP SÛR.

INUTILE DE S'AFFOLER...

PASH

L'ÉPILOGUE EST PROCHE !

DANS CE CAS, JE VAIS UTILISER MA NOUVELLE TECHNIQUE : "LA MORT SUBITE" !

HMPF!!!

PROUT !

ARGHLLL!!!

!!!

LE PAUVRE ! SON ODORAT EST MILLE FOIS PLUS SENSIBLE QUE CELUI D'UN HOMME ORDINAIRE !

UN ODORAT EXCEPTIONNEL, UNE VITESSE FULGURANTE ! SA TECHNIQUE NINPÔ S'EST RETOURNÉE CONTRE LUI.

!! !!

!!

!!

IL A INTÉGRALEMENT REPRIS LA TECHNIQUE DE SASUKE !

UNE NOUVELLE TECHNIQUE...?

...JUS- QU'AU NOM...

ZUP

BOM ボン

BOM ボン

HAA

HAA

HAA

HAA

HAA

HAA

HAA

YEEEEEEAAAH!!!

NARUTO UZUMAKI, VAINQUEUR !!!

OUI..!

IL A BATTU KIBA !!

GÉNIAL ! QUEL PIED !

HAA HAA HAA HAA

.. JE DEVIENS DE PLUS EN PLUS FORT ..!!

GNUP 7!!

JE CROIS BIEN QUE...

HA HA HA HA !
TROP FASTOCHE !

ドキ SCRUT

TAP
タッ
TAP
タッ

EUH...
COMMENT
FAIRE...?

BOM
BOM

ドキ
ドキ

BOM
BOM

GNII

ドキ
ドキ

GNII

HINATA !!

?

ZP

NA...
NARUTO...

!

102

UN ONGUENT ...

... C'EST QUOI CE TRUC ?

POURQUOI TU ME LE DONNES ?

MOUAIS...

COOL ! T'ES UNE CHIC FILLE, HINATA !

...

PRENDS-LE, C'EST TOUT !

NE ROUGIS PAS DE TA DÉFAITE, KIBA... TON ADVERSAIRE ÉTAIT DE GRANDE VALEUR...

... CETTE CHÈRE HINATA...

ELLE A L'AIR AUX ANGES...

LE PETIT MONDE DE MASASHI KISHIMOTO ENFANCE 10

REVENONS À NOS MOUTONS... ÇA S'EST PASSÉ TRÈS EXACTEMENT LORSQU'ILS NOUS AMENÈRENT, NOUS LES 45 FORCENÉS, EN VISITE AU MONT AUX SINGES, À LA FIN DU STAGE DE BASE-BALL.

SI JE REPRENDS LA CHRONOLOGIE EXACTE, À MI-PARCOURS DE L'ASCENSION, JE DÉCOUVRIS UN PANNEAU OÙ IL ÉTAIT INDIQUÉ "NE CROISEZ JAMAIS LE REGARD D'UN SINGE SAUVAGE. VOUS VOUS EXPOSERIEZ À UN GRAVE DANGER". JE GRAVIS ENSUITE LES 200 MÈTRES QUI NOUS SÉPARAIENT DU SOMMET ENTOURÉ DE SINGES QUI NOUS REGARDAIENT FIXEMENT. NOUS N'EN MENIONS PAS LARGE : "WHAAO ! ÇA FOUT LES JETONS, ILS MONTRENT LES CROCS DÈS QUE L'ON FAIT UN MOUVEMENT BRUSQUE ! ON EST MAL BARRÉS". CEPENDANT AU SOMMET, PLUS DE 100 SINGES DOMESTIQUES, HEUREUSEMENT BIEN NOURRIS PAR UN GARDIEN, NOUS RÉSERVÈRENT UN ACCUEIL CHALEUREUX. À LA DIFFÉRENCE DE LEURS CONGÉNÈRES SAUVAGES, ILS ÉTAIENT PEU FAROUCHES, VOIRE ADORABLES. ILS ÉTAIENT VISIBLEMENT HABITUÉS À LA PRÉSENCE DE L'HOMME ET OBÉISSAIENT AU GARDIEN. CELUI-CI NOUS APPRIT QUE LA HORDE DU SOMMET FORMAIT UNE COMMUNAUTÉ PARTICULIÈRE, DIRIGÉE PAR UN MÂLE DOMINANT. IL NOUS LE DÉSIGNA : "C'EST LUI QUI RÈGNE SUR CE GROUPE".

IL AVAIT TOUTE L'APPARENCE D'UN MÂLE DOMINANT : IL ÉTAIT SUPERBE, ÉNORME, ASSIS FIÈREMENT SUR SON ROCHER. SES CICATRICES TÉMOIGNAIENT DE SES NOMBREUSES BATAILLES POUR LE POUVOIR.

TOUT À CES RÉFLEXIONS, POUR MIEUX L'ADMIRER, J'APPROCHAIS DE LUI PEU À PEU, SANS LE QUITTER DES YEUX.

C'EST ALORS QUE LA SITUATION A DÉGÉNÉRÉ !

"L'ASSOCIATION DE CES DEUX CARACTÈRES SIGNIFIE : CRIER, HURLER ** BROCHETTES DE VIANDE.

FWOUF

T'sshii

?

T'EN VEUX AUSSI, SAKURA ?

C'EST BIEN LE RENARD À NEUF QUEUES.

... IL N'Y A VRAIMENT QUE NARUTO POUR SE REMETTRE DE SES BLESSURES AUSSI RAPIDEMENT ...

FAMEUX REMÈDE !

C'EST VRAIMENT EFFICACE.

C'EST POUR TOI ET AKAMARU ...

C'EST UN BAUME DE SOIN ...

TIENS...

C'EST GENTIL... MAIS TU DEVRAIS ARRÊTER DE PENSER AUX AUTRES, HINATA !

SI TU TOMBES SUR GAARA, ABANDONNE TOUT DE SUITE !

IL NE RESTE PLUS QUE SIX CONCURRENTS, TOI, CHÔJI, NEJI, LEE, LE DERNIER DU GROUPE D'OTO NO KUNI, ET LE TYPE DU DÉSERT.

....?

ÉCOUTE...

IL SERA SANS PITIÉ...

IL TE RÉDUIRA EN MIETTES.

MÊME CHOSE SI TU TOMBES SUR NEJI !

...

MAIS CE N'EST PAS TOUT...

J'ANNONCE LE COMBAT SUIVANT.

TREUH

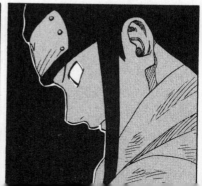

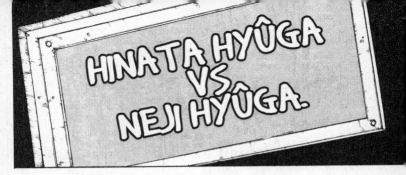

...

HM...
VOILÀ QUI
PROMET D'ÊTRE
INTÉRESSANT
...

HINATA...

GRMBL...

FRÈRE NEJI...

...

NOS CHEMINS SE CROISENT DE NOUVEAU...

HINATA !

MAIS ILS NE SONT PAS FRÈRE ET SŒUR AU SENS PROPRE DU TERME.

ILS APPARTIENNENT TOUS DEUX À LA PLUS ANCIENNE ET RESPECTABLE DES FAMILLES DE KONOHA...

... LA LIGNÉE DES HYÛGA.

C'EST SON FRÈRE ?!

QUOI ?

ILS N'ONT DONC PAS DE LIEN DIRECT ?

SÔKE ET BUNKE ?

IL EXISTE EN FAIT DEUX BRANCHES DANS LA MAISON HYÛGA, LA SÔKE OU BRANCHE PRINCIPALE ET LA BUNKE, BRANCHE SECONDAIRE.

VOUS ME SUIVEZ ?

SÔKE — BUNKE

JE M'EXPLIQUE :

HINATA EST ISSUE DE LA LIGNÉE DIRECTE, QUANT À NEJI, IL EST DE LA BRANCHE MINEURE.

L'HISTOIRE DE LEURS RELATIONS EST MARQUÉE DE MULTIPLES CONFLITS ET DE NOS JOURS ENCORE, ON NE PEUT PAS DIRE QUE LES DEUX BRANCHES SOIENT EN TRÈS BONS TERMES...

EUH... CE N'EST PAS SI SIMPLE.

ILS VONT DONC S'AFFRONTER ENTRE COUSINS ? DANS CE CAS, IL LEUR SERA DIFFICILE DE SE BATTRE À 100 %...

QUE VEUX-TU DIRE ?

JE NE SUIS PAS TRÈS AU FAIT DE LA SITUATION...

C'EST-À-DIRE ?

PFFF...

LES GENS DE LA BRNKE EN ONT SOUFFERT ET EN NOURRISSENT ENCORE DE LA RANCŒUR.

MAIS C'EST UN PHÉNOMÈNE COURANT DANS LES FAMILLES ARISTOCRATIQUES...

DEPUIS DES TEMPS RECULÉS, LA SÔKE A ÉTABLI DES PRIVILÈGES AFIN DE PRÉSERVER SA PRIMAUTÉ.

QUE LE COMBAT COMMENCE !

KELIF

...

DONC, CETTE CONFRON-TATION SÉCULAIRE VA SE PROLONGER ICI MÊME.

STAP

...?

... ÉCOUTE BIEN CE QUE J'AI À DIRE...

AVANT QUE LE COMBAT NE COMMENCE...

DÉCLARE FORFAIT !!!

TU N'ES PAS FAITE POUR ÊTRE NINJA...

...

... DANS TA VAINE RECHERCHE DU CONSENSUS, TU T'EFFORCES D'ÉVITER TOUT CONFLIT ET ALIGNES SYSTÉ-MATIQUEMENT TES POSITONS SUR CELLES DES AUTRES.

TU ES TROP GENTILLE...

!....

AINSI TU N'AS DÉVELOPPÉ AUCUNE FORCE DE CARACTÈRE.

... ET QUAND KIBA T'A PROPOSÉ DE REJOINDRE SON GROUPE, TU N'AS MÊME PAS SU REFUSER... MAIS EN VÉRITÉ TU DÉTESTES ÊTRE ICI...

AI-JE TORT...?

CETTE ÉPREUVE EXIGEAIT DE S'INSCRIRE À TROIS...

TU AS DÉVELOPPÉ UN SENTIMENT D'INFÉRIORITÉ CRIANT...

EN OUTRE, TU N'AS AUCUNE CONFIANCE EN TOI...

... TU TE CONTENTES DE STAGNER DANS LES GRADES INFÉRIEURS DE NINJAS.

... JE SUIS LÀ DE MON PLEIN GRÉ.

PARCE QUE JE VEUX CHANGER ...

EUH...

N... NON... CE N'EST PAS VRAI...

EN FAIT, JE...

ÉTANT DE LA LIGNÉE DIRECTE, ELLE EST L'HÉRITIÈRE DES HYÛGA ET...

Y VOYEZ-VOUS UNE OBJECTION...?

DÉSOR-MAIS, JE M'OCCU-PERAI DE LA FORMATION DE HINATA...

RE-LÈVE-TOI, HANA-BI !

HINATA...

GNNN

HAA

HAA

HAA

ELLE EST PLUS FAIBLE QUE HANABI QUI A POURTANT CINQ ANS DE MOINS.

LES HYÛGA ONT BESOIN DE QUELQU'UN D'UNE AUTRE TREMPE !

PEU M'IMPORTE !!!

... LE TAUX DE MORTALITÉ PARMI LES NINJAS DE RANG INFÉRIEUR EST TRÈS ÉLEVÉ...

TRÈS BIEN...

CETTE CONVER-SATION EST FINIE, RETIRE-TOI!

ZOP

114

AINSI SE CRÉENT, LE BERCEAU, LES ÉLITES ET LES SUIVEURS.

LA DIFFÉRENCE NAÎT DE CE QUE LES GENS NE PEUVENT CHANGER...

ON DISCRIMINE ET ON EST DISCRIMINÉ SELON LES APPARENCES.

ON JUGE ET L'ON EST JUGÉ SELON TOUTES SORTES DE CRITÈRES...

LA SOUFFRANCE TROUVE SON ORIGINE À LA NAISSANCE.

L'INTELLIGENCE, LE TALENT, LE CARACTÈRE, LA CORPULENCE OU LE VISAGE.

ET TOI DANS LA SÔKE. IL EST DES CHOSES QUI SONT IMMUABLES.

JE SUIS NÉ DANS LA BUNKE...

BRRR イラ イラ ピク BRRR GRRRR GRRRR

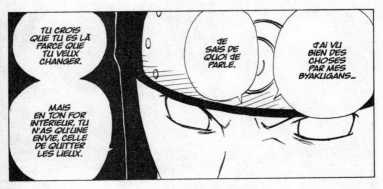

TU CROIS QUE TU ES LÀ PARCE QUE TU VEUX CHANGER.

JE SAIS DE QUOI JE PARLE.

J'AI VU BIEN DES CHOSES PAR MES BYAKUGANS...

MAIS EN TON FOR INTÉRIEUR, TU N'AS QU'UNE ENVIE, CELLE DE QUITTER LES LIEUX.

JE SAIS QUE LES MEMBRES DE CETTE FAMILLE NAISSENT TOUS AVEC UN BYAKUGAN. IL LEUR VIENT AVEC LA CONTINUITÉ DU SANG.

MA FAMILLE ÉTAIT APPARENTÉE AUX HYÛGA, IL Y A TRÈS LONGTEMPS...

BYA-KUGAN ? "L'ŒIL BLANC" ?

IL S'AGIT D'UNE PUPILLE SEMBLABLE AU SHARINGAN.

TU TE TROMPES, JE SOUHAITE SINCÈREMENT ...

... EN TERME DE CAPACITÉ DE DISCERNEMENT ET D'ANALYSE.

MAIS ELLE LUI EST DE LOIN SUPÉRIEURE ...

117

VOILÀ QUE TU REGARDES FIXEMENT EN HAUT À GAUCHE.

EN CET INSTANT PRÉCIS, TU NE SUPPORTES PAS LA PRESSION À LAQUELLE JE TE SOUMETS.

TU NE PEUX PAS TROMPER MES YEUX.

... CE PASSÉ SI DOULOUREUX QUI EST LE TIEN.

CETTE MIMIQUE SIGNIFIE QUE TU TE REMÉMORES UN ÉPISODE DE TON PASSÉ...

FACILE AINSI DE SUPPOSER QUELLE SERA L'ISSUE DE CE COMBAT :

...

BREF, EN TOI, TOUT REFLÈTE CELLE QUE TU ÉTAIS AUTREFOIS...

MAINTENANT, TU DÉPLACES TON REGARD, EN BAS À DROITE... SIGNE DE TA SOUFFRANCE PHYSIQUE ET PSYCHIQUE...

... DÉFAITE !!!

TON INÉLUCTABLE ...

HAA

J'AI RAISON SUR TOUTE LA LIGNE, N'EST-CE PAS ?

HAA

TOUTE TA GESTUELLE INDIQUE COMBIEN TU VOUDRAIS QUE JE CESSE DE TE PIÉTINER.

GLOUPS...

DE MÊME, QUAND TU DRESSES TON BRAS DEVANT TOI...

TU CHERCHES À DRESSER UN MUR PROTECTEUR ENTRE NOUS.

TU CHERCHES EN UN GESTE INSTINCTIF À APAISER LA TENSION ET L'ANGOISSE QUI T'ASSAILLENT.

TU TRIPOTES TES LÈVRES ET CE GESTE SI INTIME TRAHIT LES TOURMENTS QUI TE DÉCHIRENT.

CE N'EST PAS TOUT...

HAA

HAA

HAA

GNNN...

ALLONS CHÈRE SŒUR, TU LE SAIS BIEN AU FOND DE TOI...

HAA

HAA

PFU

HA

HAA

CHANGER SA NATURE, C'EST TOUT À FAIT...

POSSIIIIBLE!!!

!

ÉCRASE-LE, HINATA !

EH ! D'OÙ TU PRÉSUMES DU DESTIN DES GENS, ABRUTI ?!

...

!!

NARUTO...

...

NARUTO...

...

...

ON BOUT DE RAGE, iCi !

LE LAISSE PAS DÉBALLER SES CONNERIES COMME ÇA !

MAIS iL VA SE TAIRE, À LA FIN ?!

NARUTO...

...

MERCi...

AiNSi, TU NE COMPTES PAS ABANDONNER...

TU EN ASSUMERAS LES CONSÉQUENCES.

TIENS, SON REGARD EST DIFFÉRENT...

...

DÉSORMAIS...

JE TIENDRAI MA PROMESSE,

JE DOIS SUIVRE MON NINDÔ..!

JE NE FUIRAI PLUS !!

KZiM

ピキキ

ZiM

ピキキ

125

JE NE FUIRAI PLUS !

BYAKUGAN !!!

KZUM

!

OOOH ...

...

FRÈRE NEJI !

JE RELÈVE LE DÉFI !

スゥ !

FWLP

ZIM
ZIM

スウ...
ZUP

COMME TU VOUDRAS !!!

•••

ILS SONT BIEN PARENTS... LEUR POSTURE EST IDENTIQUE...

C'EST LE SANG DE LA LIGNÉE DES HYÛGA...

... UN JOUR, J'AI DIT : "LE PLUS FORT DES ASPIRANTS NINJAS SE TROUVE DANS NOTRE ÉQUIPE..."

VOUS VOUS SOUVENEZ ?

SANS BLAGUE ?

GNUUUP...

グッ

CES GENS PRATIQUENT LE TAIJUTSU LE PLUS EFFICACE DE KONOHA.

GULP
ドクン

JE PENSAIS À NEJI HYÛGA...!

•••

EH BIEN...

127

POM

C'EST LE MOMENT !

URGH

ELLE N'A FAIT QUE L'EFFLEURER !!!

ELLE L'A TOUCHÉ ?!

!

LES HYÛGA POSSÈDENT UN STYLE DE TAIJUTSU PARTICULIER QU'ILS SE TRANSMETTENT DE GÉNÉRATION EN GÉNÉRATION.

PARDON ?

PEUX-TU ÊTRE UN PEU PLUS CLAIR ?

C'EST LE STYLE DE CETTE PRESTIGIEUSE FAMILLE.

MÊME SI ELLE NE LE TOUCHE QUE LÉGÈREMENT, C'EST TRÈS EFFICACE.

IL VISE LES ORGANES ET DÉVASTE LE CORPS DE L'INTÉRIEUR, C'EST LE "JÛKEN" OU "POING SOUPLE".

EN OPPOSITION DIAMÉTRALE, LE TAIJUTSU DES HYÛGA INFLIGE DES DÉGÂTS AUX MÉRIDIENS QUE LE CHAKRA EMPRUNTE POUR CIRCULER DANS LE CORPS.

LE TAIJUTSU QUE JE PRATIQUE ET ENSEIGNE À MES DISCIPLES, COMME LEE, VISE À BRISER LES OS ET À OUVRIR DES PLAIES DANS LE CORPS DE L'ENNEMI. C'EST-À-DIRE À LUI PORTER DES DOMMAGES PHYSIQUES EXTERNES. ON NOMME CETTE ÉCOLE "GÔKEN" OU "POING FORT" !

AINSI ON PEUT INFLIGER DES BLESSURES MORTELLES À N'IMPORTE QUEL DUR-À-CUIRE.

C'EST VRAI QU'ON NE PEUT PAS ENTRAÎNER SES ORGANES À RÉSISTER AUX COUPS...

MAIS SES EFFETS SE FONT SENTIR PEU À PEU, IMMANQUABLEMENT.

FWLIP

CE N'EST PAS UN ART TRÈS SPECTACULAIRE...

JIP

JE SAIS QUE J'EN SUIS CAPABLE...

HINATA LE POUSSE DANS SES RETRANCHEMENTS...!

...

BRAVO ! CONTINUE, HINATA !

AH... ENCORE UNE DE TES QUESTIONS BRILLANTES...

C'EST QUOI LES MÉRIDIENS ?

DIS ?

!

JE N'AI JAMAIS VU ÇA !

ILS VISENT LES MÉRIDIENS...

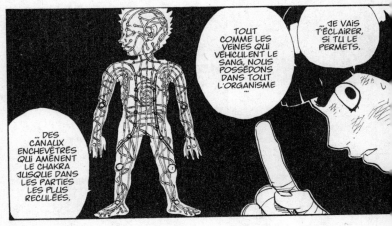

TOUT COMME LES VEINES QUI VÉHICULENT LE SANG, NOUS POSSÉDONS DANS TOUT L'ORGANISME...

... JE VAIS T'ÉCLAIRER, SI TU LE PERMETS.

... DES CANAUX ENCHEVÊTRÉS QUI AMÈNENT LE CHAKRA JUSQUE DANS LES PARTIES LES PLUS RECULÉES.

DONC, EN PERÇUTANT CES MÉRIDIENS...

ON ATTEINT LES ORGANES !

EXACTEMENT ! CES MÉRIDIENS SONT RELIÉS AUX ORGANES VITAUX, VÉRITABLES RÉCEPTACLES DU CHAKRA !

DES AUTOROUTES DU CHAKRA ? QUELLE IDÉE FARFELUE !

HMM ?! ん!?

PFYÛÛÛ ! T'ES FORTICHE SUR LE SUJET !

POC ! イテ!

FLIP

TU POURRAIS PORTER PLUS DE RESPECT À TON SENPAI*

C'EST LEUR DESTIN.

JE VOIS COMBIEN LEE EST FÉBRILE. SA ROUTE CROISERA CELLE DE NEJI, TÔT OU TARD.

S'ILS SONT DANS LE CORPS, COMMENT LES VISENT-ILS?

CES FAISCEAUX ÉNERGÉTIQUES SONT INVISIBLES À L'ŒIL NU, NON ?

C'EST TRÈS BEAU TOUT ÇA... MAIS COMMENT ILS PROCÈDENT AU JUSTE ?

EN FAIT...

*NDT : AÎNÉ DANS L'APPRENTISSAGE (ÉTUDES, SPORT, ARTISANAT ET, ÉVIDEMMENT, ARTS MARTIAUX)

HAA

HAA

HAA

ILS LES DISTINGUENT AVEC LEURS BYAKUGANS.

... ET L'EXPÉDIENT DANS LE CORPS DE L'ADVERSAIRE POUR ATTEINDRE LES MÉRIDIENS.

ILS LIBÈRENT LEUR PROPRE CHAKRA PAR L'OUVERTURE QU'ILS ONT DANS LA MAIN...

A''IY

PASH!

LES PARTICULARITÉS DU JÛKEN NE S'ARRÊTENT PAS LÀ.

BIEN JOUE !!!

IL L'A EUE ?

STOM

135

BWEURK !

コボ !!

... DE LA SÔKE ?

C'EST ÇA LE NIVEAU ...

KZIM キッ

HAA C'EST PAS... FINI...

HAA

HAA

HINATA L'A TOUCHÉ DE PLEIN FOUET !

J'AI POURTANT BIEN VU ?!

136

HAAA !

ZUP

PASH

TOMP!

!

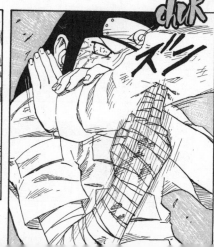

dUK

ズン

137

JE COMPRENDS POURQUOI ON LE CONSIDÈRE COMME LE MEILLEUR DES HYÛGA !

ÉGAL À LUI-MÊME...

IMPRES-SION-NANT...

GNOOOP
スス...

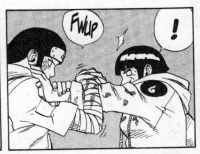

FWLIP

!

GNNN... ススス....

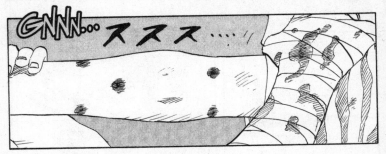

ALORS COMME ÇA... DEPUIS LE DÉBUT...?

!!

MAIS QU'EST-CE QU'IL RACONTE ?

JE PEUX VOIR TOUS TES POINTS VITAUX...

TU RÉALISES ENFIN...

EN THÉORIE, SI ON ATTEINT CES CAVITÉS AVEC PRÉCISION...

...ON PEUT STOPPER, AMPLIFIER, CONTRÔLER LE FLUX DE CHAKRA DANS LE CORPS DE LA VICTIME

LES MÉRIDIENS SONT JALONNÉS DE 361 CAVITÉS.

CES ORIFICES À CHAKRA SONT PLUS PETITS QUE LA TÊTE D'UNE AIGUILLE.

...QUI, POURTANT, NE RATE PAS GRAND CHOSE. ET EN COMBAT, CE SERAIT ENCORE PLUS COMPLIQUÉ.

POUR MA PART...

...JE SUIS INCAPABLE DE DISTIN-GUER CES CAVITÉS, MÊME AVEC MON SHARIN-GAN...

EN THÉORIE SEULE-MENT...

C'EST CE QUI DISTINGUE L'ÉLITE DES DERNIERS DU TROUPEAU.

PRINCESSE HINATA, PREUVE EST FAITE QUE L'ON NE PEUT PAS CHANGER.

SKRRRSHH

! !

...

HAA

HAA

HAA

TU ES MAINTENANT EN PROIE À UN DÉSARROI TOTAL.

SITÔT PRONONCÉES, TU AS DÛ REGRETTER TES PAROLES TÉMÉRAIRES.

HAA

HAA

C'EST UNE RÉALITÉ INCONTES- TABLE...

HAA

SANS COMPRO- MIS...

... ABAN- DONNE !!!

... HINATA.

! .....

JE DOIS SUIVRE MON NINDÔ ...!

... JE TIENDRAI MA PROMESSE ...

HAA

HAA

JE DOIS SUIVRE MON NINDÔ ...!

LE PETIT MONDE DE
MASASHI KISHIMOTO
ENFANCE 11

MALHEUR ! VOILÀ QUE VOULANT M'APPROCHER DU GRAND MÂLE, JE PIÉTINAI UN JEUNE SINGE !

"KYAAAA !" HURLA-T-IL AVANT DE DÉCAMPER. AU MÊME INSTANT, JE SENTIS QUELQUE CHOSE SE CRAMPONNER DANS MON DOS. LA MÈRE (SANS DOUTE) ! ELLE ME MONTRAIT SES CROCS FÉROCEMENT ET TENTAIT DE ME MORDRE. J'AI BIEN CRU QUE J'ALLAIS ÊTRE DÉVORÉ ET JE PRIS MES JAMBES À MON COU POUR FUIR UNE MORT CERTAINE. MALHEUREUSEMENT, ELLE RÉUSSIT À ME FAIRE PERDRE L'ÉQUILIBRE ET À M'ENVOYER VOLER DANS LA POUSSIÈRE.

JE REDRESSAI LA TÊTE POUR VOIR LE MÂLE DESCENDRE FURIEUSEMENT DE SON ROCHER ET FONCER SUR MOI ! UN VRAI SAYAJIN *! IL ÉTAIT EFFRAYANT, AVEC SON ENVIE DE MEURTRE GRAVÉE SUR SON ÉNORME FACE. LE TEMPS DE ME RELEVER, ET IL ÉTAIT SUR MOI, ET APRÈS JE M'ÉCROULAIS DE NOUVEAU : IL M'AVAIT SAISI AUX HANCHES. "C'EST LA FIN !" AI-JE PENSÉ QUAND LE GARDIEN PLAÇA UN FORMIDABLE TACLE SUR LE MÂLE ET LE MAÎTRISA.

JE ME CROYAIS TIRÉ D'AFFAIRE, MAIS LE GARDIEN ME CRIA DE M'ENFUIR, AVEC UNE EXPRESSION PLUS EFFRAYANTE ENCORE. AUTOUR DE MOI S'ÉTAIENT RASSEMBLÉS DE NOMBREUX SINGES, PRÊTS À DONNER L'ASSAUT. JE COURUS EN PLEURANT À GROSSES LARMES, ME RETOURNANT TOUT JUSTE POUR VOIR UNE SCÈNE INCROYABLE : MES CAMARADES DE BASE-BALL ATTAQUÉS PAR LA HORDE DES SINGES ENRAGÉS.

"UUUWHAAA !". QUEL TABLEAU ÉPIQUE ! JE M'ÉTAIS DEMANDÉ POURQUOI ILS NE S'EN ÉTAIENT PAS PRIS AUX NOMBREUX TOURISTES ORDINAIRES, QUAND, FINALEMENT, J'AI EU LA RÉVÉLATION : NOUS, À LA SECTION DE BASE-BALL, AVIONS TOUS LE CRÂNE RASÉ, UNE CHEMISE BLANCHE ET UN PANTALON NOIR. LES SINGES AVAIENT DÛ PENSER QU'UN CURIEUX CLAN NOIR ET BLANC LES ATTAQUAIT. EN TOUT CAS, TOUT LE MONDE S'EST ENFUI DE LA MONTAGNE EN COURANT. DANS LE CAR, ON RIAIT HAUT ET FORT, FIERS D'AVOIR ÉTÉ ATTAQUÉS PAR LES SINGES. TOUS SPÉCULAIENT SUR LA RAISON DE CET ASSAUT.

C'EST MOI QUI AVAIS TOUT DÉCLENCHÉ EN MARCHANT SUR LE PETIT SINGE, LEUR AVOUAI-JE SANS CRAINTE. APRÈS TOUT, LA FRAYEUR PASSÉE, J'ESTIMAIS QUE L'AFFRONTEMENT GÉNÉRAL AVAIT ÉTÉ UN BON MOMENT ET PENSAIS À TORT QUE TOUS RIRAIENT DE BON CŒUR... QUELLE ERREUR ! (C'EST UNE HISTOIRE STRICTEMENT AUTHENTIQUE)

*NDT : RÉFÉRENCE À "SAYAJIN" OU SUPER GUERRIER DANS DRAGON BALL Z.

80e EPISODE: AU-DELÀ DE SES LIMITES !!

JE TIENDRAI MA PROMESSE...

SANS COMPROMIS...

HAA

HAA

JE DOIS SUIVRE MON NINDO...!

AU FAIT, ELLE PASSE SON TEMPS À T'OBSERVER...

HEIN ?

ELLE TE RESSEMBLE BEAUCOUP, TU SAIS ?...

JE NE L'IMAGINAIS PAS AUSSI TENACE...

...

144

HAA
HAA
HAA

ZOP

...

VIENS...

SBAM

!

BWEURGH

PLIG PLOG
PLOG PLIG

SI ELLE
REÇOIT
UN COUP
DE PLUS...

ELLE A
ATTEINT
SES
LIMITES !

!!

!!

PAR SES ATTAQUES RÉPÉTÉES POUR ATTEINDRE LES CAVITÉS, NEJI A TOTALEMENT BLOQUÉ LA CIRCULATION DU CHAKRA CHEZ HINATA.

CORPS

FONCTIONNEMENT NORMAL DU "POING SOUPLE"

CHAKRA ➡

AVEC CAVITÉS DÉTRUITES...

CORPS

ZUP

ズワ...

DONC IL ANNULE AINSI TOUTE L'EFFICACITÉ DES ATTAQUES DE SON JÛKEN.

... CE COMBAT N'A PLUS DE SENS.

SELON TOUTES LES PRÉVISIONS, NEJI VA TRIOMPHER DES ÉPREUVES DE CET EXAMEN. CETTE FILLE N'A PLUS AUCUNE CHANCE...

... JE NE SAVAIS PAS QU'IL Y AVAIT UN CONCURRENT AUSSI FORT... SINCÈREMENT JE CROIS QUE MÊME SASUKE NE PEUT PAS RIVALISER AVEC LUI.

BIEN AU-DESSUS DU LOT !

ET BAH, IL EST HORS CATÉGORIE, JE DIRAIS...

J'ESPÈRE QU'IL NE VA PAS TUER HINATA...

SES YEUX SONT EFFRAYANTS...

HINATA, TIENS BON !!

GNNN!!

GHEU

GHEU

NARUTO...!!

TOUTES CES ANNÉES...

!

DASH

!

!

ELLE SEMBLE AVOIR REPRIS COURAGE...

BAM

DASH

MAIS POUR-QUOI ?

JE T'AI TOUJOURS OBSERVÉ,

BAM

JE NE PERDRAI PAS !!

...JE REPRENDS COURAGE...

JE NE SAIS PAS POUR-QUOI ?

LORSQUE JE TE VOIS...

J'Y SUIS ARRIVÉ !

JE M'EN PERSUADE.

JE COMMENCE À PENSER QUE JE VAUX QUELQUE CHOSE.

J'AI L'IMPRESSION QUE SI JE ME DONNE DU MAL...

...JE POURRAI MOI AUSSI ATTEINDRE MES OBJECTIFS...

PASH

KUMB

!!

ZIP

!!!

AAAH !

KROK

URGH

HAA
BURK

KOF
KOF

!

GNNN

FWAASH

HINATA-

...ELLE S'ENTRAÎNAIT AU-DELÀ DU RAISONNABLE...

DASH

ALLEZ, ON RENTRE HINATA !!!

DEPUIS QUELQUE TEMPS, JE VOYAIS BIEN QU'ELLE VOULAIT CHANGER...

TON PARCOURS EST UNE LONGUE SUITE D'ABANDONS.

C'EST INCROYABLE...

MAIS AUJOURD'HUI, ELLE N'EST PLUS LA MÊME.

... ET TOMBAIT FACILEMENT DANS LE DOUTE ET LA DÉPRIME.

... MAIS COMME ELLE FAISAIT TOUT PAR CONTRAINTE, ELLE ÉCHOUAIT SANS CESSE...

HAA

... QUE JE LUI VOIS UNE TELLE EXPRESSION !

C'EST LA PREMIÈRE FOIS ...

HAA

TRELIH

HAA

DASH!!

JUSQU'À PRÉSENT JE NE FAISAIS QUE T'ADMIRER...

ÑARUTO....!!

... MAIS AUJOURD'HUI, POUR LA PREMIÈRE FOIS...

TES ATTAQUES N'ONT AUCUN EFFET SUR MOI, DEPUIS LE DÉBUT...

TU N'AS RIEN COMPRIS.

TU T'ES BATTUE AVEC BRAVOU-RE.

ÇA SUFFIT, HINATA... TU AS PERDU, MAIS TU N'ES PLUS CELLE D'AUTREFOIS...

JE SUIS LÀ PAR MA PROPRE VOLONTE...

NON, JE VEUX CHANGER...

TAIS-TOI, PAUVRE FOU ! TU VOIS BIEN QU'ELLE A PERDU CONNAISSANCE. ELLE EST ALLÉE AU-DELÀ DE SES LIMITES...

CONTINUE!!!

LE COMBAT NE POUVANT REPRENDRE...

C'EST TRISTE, ELLE NE S'EN RELÈVERA PAS...

C'EST UN COUP DÉCISIF, IL A VISÉ LE CŒUR.

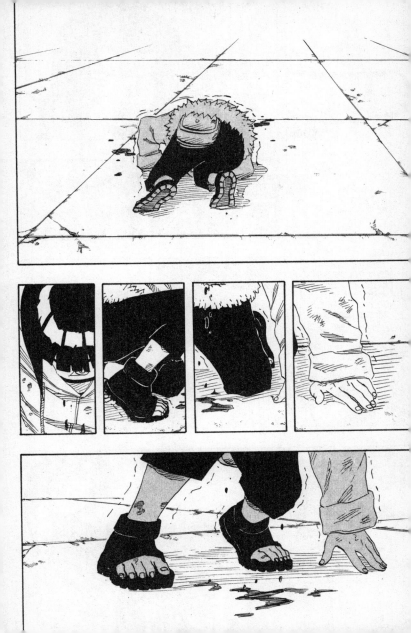

SI TU T'OBSTINES, C'EST AU DEVANT DE LA MORT QUE TU VAS.

POUR- QUOI TE RELÈ- VES- TU ?

IL A ENFIN REMARQUÉ MON EXISTENCE...

HAA

LE GARÇON DE MES RÊVES...

KZIM

À QUOI BON ?

ピキ…

HAA

HAA

HAA

HAA

HAA

... QU'IL AIT PITIÉ DE MOI.

JE NE VEUX PAS...

ど
キ
KZUM

...

TU AS VÉCU EN TE MAUDISSANT D'ÊTRE SI FAIBLE, CAR TU SAIS QU'IL EST IMPOSSIBLE D'ALLER CONTRE SA NATURE, SON DESTIN.

DEPUIS TA NAISSANCE, TU AS PORTÉ LE TITRE D'HÉRITIÈRE ET LE NOM DES HYÛGA COMME UNE CHARGE...

CE... CE N'EST PAS FINI...

TU PEINES À TE RELEVER... TU SAIS QUE RIEN NE TROMPE MES YEUX...

INUTILE DE T'ACHARNER...

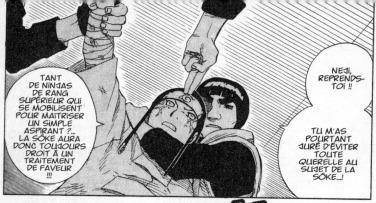

TANT DE NINJAS DE RANG SUPÉRIEUR QUI SE MOBILISENT POUR MAÎTRISER UN SIMPLE ASPIRANT ?... LA SÔKE AURA DONC TOUJOURS DROIT À UN TRAITEMENT DE FAVEUR !!!

NEJI, REPRENDS-TOI !!

TU M'AS POURTANT JURÉ D'ÉVITER TOUTE QUERELLE AU SUJET DE LA SÔKE...!

!!

BAKAM

ドッン

HINATA!!!

URGH!!!

KOF KOF

BOM

159

HINATA, PARLE-MOI !

DASH!

PII
PII
DASH!

ELLE EST LIVIDE ! C'EST MAUVAIS SIGNE...!

TAM スタッ TAM スタッ

NARUTO...

HINATA...

...UN PEU.

JE CROIS AVOIR CHANGÉ...

UN VRAI NINJA NE PERD PAS SON TEMPS À S'APITOYER SUR LES AUTRES !

J'AI DEUX CHOSES À TE DIRE !

!

HEP, TOI LÀ ! LA FIN DE SÉRIE !

....!

ON NE CHANGE JAMAIS !

ENSUITE, UN RATÉ RESTERA TOUJOURS UN RATÉ !

UN RATÉ RESTERA...

...TOUJOURS UN RATÉ.

ZOP
スッ

POURQUOI NE PAS T'EN ASSURER TOI-MÊME...

PFFF...

164

NARUTO, JE NE COMPRENDS QUE TROP BIEN TES SENTIMENTS ...!

MAIS SI TU DOIS L'AFFRONTER, QUE CE SOIT DANS UN COMBAT RÉGULIER !

QU'EST-CE QUE...

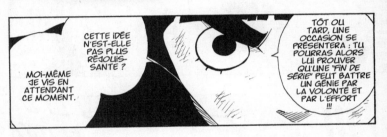

CETTE IDÉE N'EST-ELLE PAS PLUS RÉJOUIS-SANTE ?

MOI-MÊME JE VIS EN ATTENDANT CE MOMENT.

TÔT OU TARD, UNE OCCASION SE PRÉSENTERA : TU POURRAS ALORS LUI PROUVER QU'UNE "FIN DE SÉRIE" PEUT BATTRE UN GÉNIE PAR LA VOLONTÉ ET PAR L'EFFORT !!!

TSSS !!!

J'AI COMPRIS ...

... JE NE T'EN VOUDRAI PAS LE MOINS DU MONDE !

MAIS SI C'EST TOI QUE LE DESTIN CHOISIT D'EXAUCER...

BWEURK!!!

GHOP

ピク"

GHOP

ピク"

TU ES UN GARS SENSASS !!!

BOUM BOUM

ビクン

!

C'EST TERRIBLE...! SON VENTRICULE EST DUREMENT ATTEINT !

!!

SLAP!

DESOLES!!!

QUE FAIT L'ÉQUIPE DE SECOURS ?!! VITE !!

IL A TENTÉ DE L'ASSAS-SINER...

BADA BADABAM

... VOUS FERIEZ MIEUX DE VOUS OCCUPER D'ELLE...

AU LIEU DE RESTER LÀ À ME REGARDER...

DASH !

ON N'A PAS 10 MINUTES ! IL FAUT LA TRANS-PORTER D'URGENCE EN SALLE D'OPÉRATION !!!

...!...!

FWAASH!!

DU VENT !!!

...JE T'ÉCRASERAI !!!

QUOI QU'IL ARRIVE...

IL N'A ABSOLUMENT PAS LE NIVEAU...

IL EST COMPLÈTEMENT INCONSCIENT...

NARUTO ...

ÑARUTO ?

PFFF ...

170

ZaP

MAIS JE DOIS AVOUER QUE LE NÔTRE EST PLUS MALSAIN...

MANQUAIT PLUS QUE ÇA... ON A UN DEUXIÈME PHÉNOMÈNE DE FOIRE...

FAUT DIRE QU'EN LUI...

...SOMMEILLE UN DÉMON !!!

IL DEVIENT BIZARRE DÈS QU'IL VOIT DU SANG. J'EN AI FROID DANS LE DOS !

TAP

TAP

JE DOIS SÉRIEUSEMENT RÉFLÉCHIR À UNE STRATÉGIE, SI JE DOIS, UN JOUR, ME BATTRE CONTRE LUI.

IL N'A REÇU AUCUN DOMMAGE SIGNIFICATIF, ET IL DEVAIT ENCORE GARDER QUELQUES COUPS EN RÉSERVE.

EN TOUT CAS, CE NEJI EST IMPRESSIONNANT.

! HEP !

JE VAIS INTERROGER CE CRÉTIN DE NARUTO !!!

ET ÇA COMMENCE PAR LA COLLECTE D'INFORMATIONS...

GRRR GRRR GRRR

GNNN... NE PAS LE TUER TOUT DE SUITE !

QUEL SALE CARATÈRE !

TU ME VEUX QUOI ?!

PAUVRE MORVEUX...

ZOP

TU SAIS, JE TE TROUVE TRÈS COOL COMME TYPE !!!

TU ME PLAIS BIEN...

JE PEUX PAS TE VOIR EN PEINTURE !!!

C'EST PAS RÉCIPROQUE !

J'AI JUSTE ENVIE DE LUI DONNER UNE BONNE LEÇON.

C'EST PAS VRAIMENT CE QUE JE T'AI DEMANDÉ...

...

C'EST UN SALE TYPE CE NEJI, N'EST-CE PAS ? TU LE CONNAIS ?

DU CALME, VOYONS...

!

KœoF

ゴボッ

...NOUS ALLONS PASSER AU MATCH SUIVANT !!!

KœoF

ゴボッ

SANS PLUS TARDER...

NON!!!

SI J'VEUX, D'ABORD !!!

VAS-Y, LEE !

C'EST BIENTÔT TON TOUR.

...

J'AI TELLEMENT ATTENDU... ALORS

FOUP

... VOILÀ, QU'IL BOUDE !

... POUR LA PEINE, JE PASSERAI EN DERNIER.

!

!

IL NE RESTE PLUS QUE DES ADVERSAIRES REDOUTABLES. QUE COMPTES-TU FAIRE ?

CHÔJI, ÇA SE CORSE POUR TOI.

DANS CE CAS-LÀ, PAS DE BARBECUE, ON EST D'ACCORD ?

EUH... ÇA ME POSE PAS DE PROBLÈME DE DÉCLARER FORFAIT D'ENTRÉE DE MATCH !

C'EST CELUI QU'IL TE FAUT À TOUT PRIX ÉVITER !

SURTOUT CELUI DU DÉSERT ! IL M'INQUIÈTE AVEC SON AFFREUX REGARD !

TE FAIS PAS DE BILE, VA ! SI ÇA DEVIENT RÉELLEMENT DANGEREUX, J'INTERVIENDRAI, COMME POUR HINATA !!

C'EST PAS ÇA QUI...

HÉ, TE FAIS PAS AVOIR POUR DE LA BOUFFE !

'VAIS M'EMPIFFRER, OUI !!

VA POUR LE BARBECUE !!!

C'EST TOI QUI VAS PASSER À LA CASSEROLE, DUCON !

OUAIS, SAUF QUE NOTRE PROF, IL A PAS BOUGÉ TOUT À L'HEURE.

C'EST VRAI, TU DOIS NOUS FAIRE HONNEUR !

JE SUIS PAS RASSURÉ, VIEUX !

SI ÇA PEUT TE RASSURER, MON GARÇON ...!

C'ÉTAIT UN BIEN VILAIN TOUR, JE L'ADMETS !

OK, JE VOUS AI BIEN EUS.

JE RETIRE TOUS MES PROPOS DE TOUT À L'HEURE.

C'ÉTAIT JUSTE POUR DÉTOURNER LE SORT.

SI J'AVAIS DIT QUE JE VOULAIS Y ALLER, JE SUIS SÛR QUE JE SERAIS PASSÉ DERNIER !

GOP

À VOS ORDRES M'SIEUR !!!

PERSONNE N'A L'AIR DE S'EN SOUCIER, MAIS NOTE BIEN UN DÉTAIL :

TRÈS JUSTE...

MAIS LÂCHE CE CARNET ! TU NE POURRAS PAS LE CONSULTER EN COMBAT !

TRÈS BIEN... JE VOIS...

IL VA S'EN TIRER, LE BAMBIN ?

SCRIT SCRITCH

... SA JARRE, ELLE M'INQUIÈTE.

FWOOOSH

J'Y VAIS !

ALLEZ, REVIENS-NOUS VITE, LEE.

ENFIN !
AINSI DONC,
JE TOMBE
SUR TOI.

JE NE
DEMANDAIS
PAS
MIEUX...

... HM !

La règle du jeu est simple :
survivre !

HUNTER × HUNTER
ハンター × ハンター

de Yoshihiro Togashi

L'imagination au pouvoir...

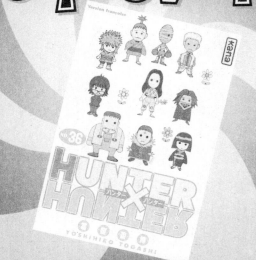

Gon, doit passer l'examen des hunters s'il veut retrouver son père. Devenir un aventurier moderne n'est pas toujours de tout repos. Les étapes se multiplient et avec l'aide de ses amis, il fera découvertes sur découvertes. De la grande aventure pleine de rebondissements !

Et si nous prenions un nouveau départ...

Blue
Spring Ride

kana

Série terminée en 13 tomes !

ASSASSINATION CLASSRO●M

LA CLASSE QUI TUE !

ASSASSINATION
CLASSRO●M

YŪSEI MATSUI

松井優征

1

version française

SÉRIE FINIE EN 21 TOMES.

UN SHONEN D'HÉROÏC FANTASY !

Dans des territoires peuplés de monstres-insectes
et plongés dans une nuit éternelle vivent et travaillent,
au péril de leur vie, des agents postaux très spéciaux :
les Letter Bees !

Le jeune Lag porte sur lui un bon de livraison :
Lag est le premier colis que Gauche, le Letter Bee,
doit livrer ! L'aventure ne fait que commencer !!

www.kana.fr   SHONEN – Série finie en 20 tomes

TEGAMIBACHI © 2006 by Hiroyuki Asada/SHUEISHA Inc., Tokyo

MON HISTOIRE

Dessin:
Aruko
アルコ

Scénario:
Kazune Kawahara
河原和音

*Il n'avait rien
pour plaire,
et pourtant...*

Série finie
en 13 tomes.

www.kana.fr

Un shonen culte et délirant!

Dans un Japon où les extraterrestres ont imposé leur loi et interdit le port du sabre vit Gintoki, samouraï indépendant, mais qui n'est pas le dernier quand il s'agit de rigoler un bon coup ! Pris à tort pour un terroriste, il sera traqué par les forces de l'ordre et embarqué malgré lui dans de passionnantes aventures !

Gintama – Shonen Kana – 72 tomes disponibles

Vampires,
ma soif de vengeance
est bien plus forte
que votre soif de sang !

SCÉNARIO **Takaya Kagami** 鏡 貴也
DESSIN **Yamato Yamamoto** 山本ヤマト
STORY-BOARD **Daisuke Furuya** 降矢大輔

22

Seraph of the end

Ce manga est publié dans son sens
de lecture originale, de droite à gauche.

Ici, vous êtes donc à la fin.

NARUTO

NARUTO © 1999 by Masashi Kishimoto
All rights reserved.
First published in Japan in 1999 by SHUEISHA Inc., Tokyo.
French translation rights in France and French-speaking Belgium, Luxembourg, Switzerland and Canada
arranged by SHUEISHA Inc. through VME PLB SAS, France.

© KANA 2004
© KANA (DARGAUD-LOMBARD s.a.) 2022
7, avenue P-H Spaak - 1060 Bruxelles
20e édition

Tous droits de traduction, de reproduction et d'adaptation
strictement réservés pour la France, la Belgique,
la Suisse, le Luxembourg et le Québec.

Achevé d'imprimer en avril 2022 • Dépôt légal : janvier 2004
d/2004/0086/3 • ISBN 978-2-8712-9599-0

Traduit et adapté en français par Sébastien Bigini
Conception graphique : Les Travaux d'Hercule
Adaptation graphique : Éric Montésinos

Imprimé et relié en Italie par GRAFICA VENETA
Via Malcanton 2, 35010 Trebaseleghe (Pd)

PEFC

PEFC/18-31-226

Certifié PEFC

Ce produit est issu
de forêts gérées
durablement et de
sources contrôlées.

www.pefc.be